RECHERCHES

SUR

L'HISTOIRE DES TRAVAUX HYDROGRAPHIQUES

DE LAMBLARDIE
Ancien Ingénieur en Chef du département de la Somme

ET PARTICULIÈREMENT SUR

SON PROJET D'UN PORT AU HABLE D'AULT

ET SUR

LES VICISSITUDES DE CE PROJET JUSQU'A NOS JOURS

PAR **P.-Ch. DAMIENS**, D'ABBEVILLE

Membre de la Société des Antiquaires de Picardie
et de la Société académique de l'Oise

FRAGMENT DÉTACHÉ DE CES RECHERCHES

« Le domaine maritime est imprescriptible et inaliénable. »
(*Discours de* M. ROUHER *au Corps législatif*, Séance du 17 mai 1864.)

PARIS
CHEZ DUMOULIN, LIBRAIRE
13, QUAI DES AUGUSTINS, 13

1864

RECHERCHES

SUR

L'HISTOIRE DES TRAVAUX HYDROGRAPHIQUES

DE LAMBLARDIE

Ancien Ingénieur en Chef du département de la Somme

ET PARTICULIÈREMENT SUR

SON PROJET D'UN PORT AU HABLE D'AULT

ET SUR

LES VICISSITUDES DE CE PROJET JUSQU'A NOS JOURS

Par **P.-Ch. DAMIENS**, d'Abbeville

Membre de la Société des Antiquaires de Picardie
et de la Société académique de l'Oise

FRAGMENT DÉTACHÉ DE CES RECHERCHES

« Le domaine maritime est imprescriptible et inaliénable. »
(*Discours de* M. Rouher *au Corps législatif*, Séance du 17 mai 1864.)

PARIS
CHEZ DUMOULIN, LIBRAIRE
13, Quai des Augustins, 13
—
1864

AMIENS. — IMPRIMERIE DE T. JEUNET.

AVERTISSEMENT.

Nous nous étions d'abord proposé de ne publier ces Recherches que dans leur ensemble coordonné chronologiquement sous forme de Recueil. Mais un incident survenu depuis quelques semaines nous met dans la nécessité d'en publier dès à présent un fragment détaché.

Sous le titre de : *Un Port à Cayeux*, il a paru dans un journal d'Amiens (*Mémorial* du 9 octobre 1864), un document qui était précisément un de ceux que nous devions comprendre dans notre Recueil. C'est un extrait du Registre aux délibérations du Conseil général de la commune [1] d'Amiens de l'an III.

Cet extrait n'a pas seulement le tort de porter un titre inexact, le titre : Un port à Cayeux. Il a en outre l'inconvénient de n'être accompagné d'aucun commentaire explicatif, en sorte qu'il laisse ignorer que la délibération,

---

[1] Les notables formeront avec les membres du Corps municipal le *Conseil général* de la commune, et ne seront appelés que pour le affaires importantes. — (Décret du 14 décembre 1789, art. 31.)

telle qu'elle est transcrite *in extenso* dans le journal, a été occasionnée uniquement par la présentation du projet de l'ingénieur Lamblardie dont elle n'est que la conséquence.

Dès lors, d'après la mission que nous nous sommes imposée, il y a eu nécessité pour nous de rétablir, comme il convient, la vérité historique à cet égard. Nous sommes en mesure de prouver que la délibération dont il s'agit n'a été prise que pour hâter l'adoption du projet de Lamblardie, alors soumis au Conseil des Travaux publics de Paris, dont Lamblardie était membre. Et il est bien avéré que Lamblardie proposait de faire déboucher le canal de la Somme au Hable d'Ault, et non pas à Cayeux : distinction capitale sur laquelle il nous importait d'insister sans délai, du moment qu'une assertion contraire se produisait en public.

Le lecteur se demandera peut-être d'où vient que le correspondant du journal a commis cette méprise. C'est ce que nous allons expliquer en quelques mots.

A force de recherches persévérantes aux archives départementales à Amiens, vers la fin du mois de septembre dernier, nous étions parvenu à recueillir sur le projet de Lamblardie un assez grand nombre de données importantes parmi lesquelles figurait la découverte de l'existence de la délibération précitée du Conseil de la commune de l'an III.

Nous nous sommes adressé aux Bureaux de la Mairie d'Amiens pour avoir communication et pour prendre copie de cette délibération. Ensuite, pressé par le temps, nous avons prié les mêmes Bureaux de vouloir bien, moyennant finances, achever pour nous la transcription de la pièce.

Il paraît que, d'après les indications que nous avions fournies aux Bureaux de la Mairie, une personne inconnue a demandé, après nous, communication et copie de la même pièce, et s'est empressée de la livrer au journal, sans faire connaître, que nous sachions, les circonstances qui l'avaient mise sur la trace du document dont nous avions été seul à découvrir et à signaler l'existence.

Du reste on conçoit fort bien pourquoi, dans le journal, on a adopté le titre : Un Port à Cayeux, de préférence au véritable titre : Un Port au Hable d'Ault. C'était le moyen de rattacher le document en question à un premier article publié par le même journal dans le numéro du 28 septembre 1864, sous le titre alors parfaitement exact de : Un port à Cayeux.

Mais, en fin de compte, la vérité et la justice doivent passer avant tout ; et, puisque, dans la délibération de l'an III, il s'agit du projet conçu par Lamblardie d'établir un port au Hable d'Ault, nous nous faisons un devoir de ne pas tarder plus longtemps à rectifier l'assertion contraire. *Cuique suum.* Nous avons donc résolu de publier à notre tour, *hic et nunc*, la délibération de l'an III, en lui donnant son véritable titre, pour lui restituer son véritable caractère. Nous nous réservons de la reproduire et de la comprendre de nouveau plus tard dans un Recueil général de documents inédits relatifs aux divers travaux hydrographiques de Lamblardie dans le département de la Somme.

Ce n'est donc là qu'un premier hommage que nous sommes heureux de rendre personnellement à la mémoire d'un homme de génie dont la pensée tutélaire continue de planer sur nos infortunés parages, comme l'une des dernières lueurs d'espoir et de salut, offertes en mer aux navigateurs par les rayons lointains d'un phare à peine perceptible à travers les brumes épaisses d'une nuit profondément obscure.

Amiens, le 14 novembre 1864.

PROJET

d'un

PORT AU HABLE D'AULT

PAR LAMBLARDIE.

Lamblardie, ce savant théoricien, si connu par ses admirables études hydrographiques sur les côtes et les ports de la Normandie, a exercé les fonctions d'ingénieur en chef des ponts et chaussées dans le département de la Somme depuis le mois de septembre 1791 jusqu'au 17 décembre 1793, époque où il a été appelé à la résidence de Paris, en qualité d'inspecteur général.

Dès le mois de février 1793, il avait présenté au Conseil général de la Somme son grand projet qui avait pour but l'achèvement de la canalisation de la Basse-Somme par l'ouverture d'un port au Hable d'Ault, sans distraire l'excédant des eaux fluviales de leur influence permanente indispensable sur le régime de la Baie. Le projet favorablement accueilli par le Conseil général du département fut adressé le 18 mai suivant au Ministre de l'Intérieur avec les plans et pièces à l'appui et fut examiné avec l'attention la plus sérieuse dans le courant de l'année 1794 par le Comité central des travaux publics et par l'Assemblée générale des ponts et chaussées dont Lamblardie était devenu membre. C'est dans cet intervalle aussi que la municipalité d'Amiens redoubla ses instances près du Gouvernement pour l'adoption du projet, de concert avec le Directoire départemental, comme le prouvent la délibération ci-après du Conseil de la commune d'Amiens, en date du 15 vendémiaire an III (6 octobre 1794), et les délibérations subséquentes du Conseil du district d'Amiens et de l'administration départementale que nous produirons plus tard dans notre *Recueil de documents inédits sur la matière*, notre intention étant d'exposer les vicissitudes ultérieures du projet Lamblardie jusqu'à nos jours.

EXTRAIT

Du Registre aux délibérations du Conseil général de la commune d'Amiens, coté du 9 fructidor an II au 14 nivôse an III [1].

Du quinze vendémiaire an III de la République françoise, cinq heures après midi,
Où présidoit Balesdent,

[1] Nous croyons devoir respecter dans la reproduction de ce document l'orthographe rigoureuse du registre aux délibérations.

Où étoient Grenier, Fanchon, Blandin, Carpentier, Hareux, Morand-Boucher, Delys, Dupont-Roussel, Radiguet,

Damai, agent national de la commune,

Joiron-Delarue, son substitut,

Prudhomme, Delaroche l'aîné, Warmé, Ducasse, Henocq, De Gand, Migez, Martin, Herbet-Dupont, Boulle, Desjardins, Crocquoison, Mille, Lepage, Brezin père, Lefebvre Giroux,

Louis-François Janvier, secrétaire-grefier.

<small>Canal et Port de la Somme.</small>

Un membre a dit : Depuis longtemps la rivière de Somme demande un nouveau lit et un port à son embouchure, parce que depuis longtemps il est reconnu que le seul qui existe dans le département de la Somme, celui de Saint-Vallery est mauvais ; l'ancien Gouvernement avoit senti la nécessité de s'en occuper, différents projets lui ont été donnés depuis 1770 jusqu'en 1784 pour l'améliorer, et c'est sans doute au peu de ressources qu'il offre, malgré toutes les améliorations qu'on pourroit y faire, que nous devons attribuer le retard apporté jusqu'à présent à l'adoption d'un plan quelconque : disons-le avec franchise, d'autres raisons encore ont pu concourir à ce qu'aucun parti ne soit pris relativement à ce qu'on pourroit faire de mieux pour nous procurer un port.

On doit croire que la dépense n'a pas été un des moindres obstacles, parce que dans un temps où on ne les calculoit point pour des objets futiles, il falloit bien admettre l'économie dans les parties utiles de l'administration : il s'en suivoit que l'admission d'un projet, dût-il tendre à un bien général, ne devoit offrir qu'une dépense très-circonscrite, sinon il étoit rejeté.

On préféroit sous le nom d'amélioration de petits moyens qui faisoient disparoître les grandes vues proposées ; encore quand ces dépenses étoient faites, avoit-on à les regretter, puisqu'on étoit convaincu qu'il n'en résultoit aucun bien pour la chose publique.

Disons-le encore avec la même franchise, l'exécution d'un projet qui devoit procurer un nouveau port au département de la Somme a rencontré d'autres difficultés. Les petits intérêts que la rivalité éveille en ont suscité de plus d'un genre : il eut été facile de les faire disparoître si le bien de la chose publique eût dû prévaloir, mais celui-ci a été souvent sacrifié à des intérêts particuliers ou locaux pour lesquels on savoit employer avec art tous les moyens qui pouvoient les servir.

D'autres temps ont succédé à ceux-ci : nous sommes dans un moment où la République marche à grands pas vers la prospérité, et maintenant que l'amour du bien occupe tous les Français, que les travaux publics ne doivent plus s'entreprendre seulement pour le pays où ils s'exécutent, mais pour l'intérêt général de la République, nous devons nous empresser de faire entendre aux administrateurs d'une nation libre la voix du bien général. Que les petites rivalités disparoissent donc et que le bien se fasse.

Est-il de l'intérêt de la République de suivre les plans commencés pour l'amélioration du port de St-Vallery ou de les abandonner pour se livrer à un travail plus grand et plus utile ?

Si nous ne considérions que la localité du port actuel que possède le département de la Somme, si nous nous reportions aux motifs de l'entreprise commencée, nous saurions que les autorités qui dirigeoient alors les plans arrêtés pour l'amélioration du port de Saint-Vallery et la facilité de la Navigation de la Somme, avoient été empêchés de se livrer à un plan plus vaste tant par les intérêts particuliers qui les contrarioient sans cesse que par la difficulté d'obtenir de l'ancien Gouvernement les fonds nécessaires.

Mais toutes ces petites considérations doivent disparoître

aujourd'hui devant l'intérêt public ; il ne doit plus s'agir de savoir si on fera un port pour l'avantage de Saint-Vallery, d'Abbeville, d'Amiens ou du département de la Somme ; nous devons dire qu'il est absolument nécessaire d'en faire un pour l'utilité de la République.

Dans son état actuel, le port de Saint-Vallery est redouté de tous les navigateurs : il faut accorder des frets considérables pour dédommager le marin de l'avarie qu'il redoute pour son navire, en entrant dans la Baye de Somme, il faut payer des assurances plus élevées pour couvrir l'assureur des avaries que cette navigation lui fait craindre, et ces suppléments de dépenses sont une charge pour les consommateurs.

Pour améliorer ce port la nature semble résister à l'art, de manière que telle dépense que l'on fasse, le port de Saint-Vallery restera toujours ce qu'il est : un port redoutable pour les navigateurs.

S'il s'élevoit quelque doute à cet égard, nous dirions aux incrédules de lire l'extrait du procès-verbal de la session du Conseil général du département de la Somme [1], séance du 2 mars 1793 (V. St.) [2]. Ils y verroient dans l'analyse du mémoire de l'Ingénieur en chef [3] que cet homme de l'art, en

---

[1] Le Registre aux arrêtés de l'Assemblée administrative ou du Conseil général du département de la Somme pour la session de février et mars 1793 fait défaut aux archives départementales.

[2] Vieux style.

[3] Le Registre ne nomme pas l'ingénieur en chef, mais une expédition de la délibération du Conseil général de la commune d'Amiens, qui fut adressée le 23 vendémiaire an III au Directoire départemental, et qui paraît avoir été faite d'après la minute originale, porte en plus le nom de Lamblardie, écrit Lamblardy, à la suite des mots : l'Ingénieur en chef. — S'il faut s'en rapporter au *Journal des Mines* de frimaire an IV, qui contient un extrait du Mémoire de Lamblardie, ce mémoire a été lu en février 1793 dans une des séances de la session de l'Assemblée administrative du département de la Somme.

avouant le mauvais état du port de Saint-Vallery qui pourra devenir plus impraticable aux navires, prévient l'administration qu'il est nécessaire de rédiger le projet général de manière que le canal de navigation soit indépendant du lit de la rivière et que l'on puisse donner aux navires un accès assuré dans le canal, *et à la rivière une nouvelle embouchure, lorsque par la suite des temps l'embouchure actuelle sera tellement détériorée qu'il deviendra absolument indispensable de l'abandonner.*

S'il est démontré que tôt ou tard la nature obligera à donner une nouvelle embouchure à la Somme, nous devons le prévenir en prenant dès à présent des mesures pour avoir toujours un port dans ce département. Nous devons abandonner le port actuel à ce qu'il a toujours été ; nous devons examiner le projet concernant la prolongation du canal jusqu'au Hable d'Ault, projet qui a été soumis à l'administration du département dans la même séance où l'Ingénieur en chef démontroit que la rivière de Somme abandonneroit un jour son embouchure actuelle.

Tout annonce que la position du Hable d'Ault voisine de Saint-Vallery est heureusement disposée, que la nature n'a besoin là que d'être secondée par l'art pour donner à la République un port capable de recevoir des frégates.

Un tel port seroit bien précieux dans la Manche pour seconder nos succès contre la marine angloise.

Des plans ont été déjà formés pour démontrer la facilité de l'exécution d'un tel port, ses avantages et l'économie de sa construction et perfection ; ces plans sont disposés de manière qu'ils rendent très-utiles les diverses parties du canal, commencé entre Abbeville et Saint-Vallery, la dépense faite ne sera pas perdue, au contraire elle servira à avancer la jouissance des plans tracés pour l'établissement au Hable d'Ault d'un port pour la Marine nationale et pour l'utilité du commerce de la République.

Ces plans démontrent aussi la possibilité de creuser un canal ayant toujours dix pieds de hauteur d'eau, ce qui permettroit de faire remonter facilement jusqu'à Abbeville, jusqu'à Amiens et au-delà les navires de petit cabotage, ce qui est fort à désirer, et chacun sait que plus les navires remontent en avant dans les terres, plus il y a de célérité et d'économie dans la réception des marchandises, et ces avantages incalculables sont toujours au profit des consommateurs.

Si l'on nous contestoit la possibilité d'exécution d'un tel canal, nous vous mettrions sous les yeux le mémoire de Berthelmy, du 20 février 1792, et si on vouloit faire entrer en compte la dépense qu'il exigeroit, nous présenterions un autre mémoire du même Ingénieur du 25 décembre 1791 [1], et nous apprendrions que pour un canal de cinq pieds d'excavation la dépense sera de 1,068,679 livres, et que pour un canal de dix pieds elle sera de 1,637,930 livres, la différence n'est donc que de 569,251 livres ; nous devons

---

[1] Les deux mémoires de Berthelmy du 25 décembre 1791 et du 20 février 1792 sont déposés dans les bureaux du département de la Somme. (Note marginale du Registre.)

Le 14 avril 1792, M. Berthelmy, ingénieur ordinaire, transféré du département de la Somme dans celui de l'Orne, par décision ministérielle en date du 12, envoie au Directoire départemental de la Somme avant son départ deux mémoires relatifs aux opérations déjà faites par lui pour l'amélioration de la Basse-Somme. Le premier des deux mémoires, celui du 25 décembre 1791, a pour titre : *Mémoire contenant la navigation de la Basse-Somme, depuis le faubourg d'Abbeville jusqu'à Amiens.* Le second, celui du 20 février 1792, est intitulé : *Projet d'un canal pour faire monter jusqu'à Amiens des navires au-dessous de 300 tonneaux.* (*Archives départementales.*)

observer qu'il n'a pas été déduit de ces dépenses la valeur de la tourbe qui sera extraite, et nous devons ajouter que ces combustibles étant dans ce département d'une nécessité absolue, plus l'excavation du canal sera profonde, moins il en sera soustrait à la consommation.

Après vous avoir entretenus des dangers du port de Saint-Vallery et du besoin d'en établir un au Hable d'Ault, dont les avantages sont inappréciables et même uniques dans la Manche pour la marine nationale, nous vous exposerons succinctement ceux que le commerce en général, et la commune de Paris en particulier y trouveroient pour se procurer leurs approvisionnements.

Ce nouveau port deviendroit un nouvel établissement pour la grande et petite pêche dont les produits seroient un accroissement de subsistances pour fournir à la consommation de la France.

Toute la République est intéressée à ce qu'il y ait un port sûr dans le département de la Somme, parce que la rivière qui le traverse, facilite la communication dans l'intérieur de la France ; et d'aucun autre point la circulation des objets maritimes ne peut se faire avec les mêmes avantages, quant à la célérité et à l'économie : c'est une vérité reconnue par l'expérience, car il est de notoriété que les maisons de commerce des départements les plus éloignés, malgré les risques actuels de l'entrée des vaisseaux dans la Baye de Saint-Vallery, se servent de cette voie pour se procurer les denrées dont ils ont besoin et qu'ils achètent, soit dans les ports de Hollande et d'Angleterre, soit dans ceux de la République, et nous pouvons avancer sans craindre d'être démentis que les négociants et manufacturiers des départements de l'Aisne, de l'Oise, de la Marne, de l'Aube, de Seine-et-Marne, des Ardennes, de la Meuse, de la Meurthe, de la Moselle, du

Haut et Bas-Rhin, de la Côte-d'Or, du Doubs, de la Haute-Saône, de l'Ain et du Rhône, s'approvisionnent d'un grand nombre d'objets en se servant de la rivière de Somme pour leur transport jusqu'à Amiens d'où les convois par terre se font à des prix très-modiques. L'économie dans le transport était telle avant la guerre que le négociant de Lyon payoit moins de transport par terre d'Amiens à Lyon qu'il n'en payoit par le Rhône de Marseille à Lyon ; il recevoit plus promptement et il n'avoit pas les mêmes risques à courir.

Cette économie de transport qui invite les négociants des départements éloignés, à faire passer leurs marchandises par le port du département de la Somme, résulte de l'abondance des rouliers qui apportent jusqu'à Amiens les vins destinés pour les départements du Nord et du Pas-de-Calais, et même pour les Païs-Bas ; de l'abondance de ceux qui apportent jusqu'à Amiens les différentes sortes de fers destinés pour les ateliers qui sont dans le département de la Somme et dans son voisinage, des ardoises qui arrivent des environs de libre ville [1], des clous qui sont apportés jusqu'à Amiens pour être expédiés de Saint-Vallery pour le Hâvre et autres ports à la destination des Colonies ; elle résulte enfin de la quantité de laboureurs du département qui dans les moments de repos pour leur établissement emploient leurs chevaux au roulage : Ainsi plus nous augmenterons les facilités pour faire arriver les marchandises dans un port assuré, plus nous aurons travaillé au profit de l'agriculture et de l'industrie et pour l'avantage des consommateurs.

D'ailleurs en donnant au port à établir au Hable d'Ault tous les moyens que sollicite la nature, nous aurons fait une

---

[1] Charleville.

nouvelle conquête pour le commerce des Colonies ; n'oublions pas qu'en multipliant les ports pour faciliter ce commerce, nous travaillerons à son accroissement, car personne n'ignore que le Hâvre ne l'a entrepris qu'après la paix de 1763, et que loin de diminuer ce commerce que Nantes et Bordeaux faisoient avec les colonies, ces nouveaux armateurs ont concouru avec les anciens à l'accroître.

Les approvisionnements de Paris, de cette grande commune qui a tant fait pour la Révolution, ne doivent-ils pas entrer pour beaucoup dans ces considérations du bien général : chacun sait que Paris est dans l'usage de faire venir par la Seine les denrées que la mer lui fournit ; mais plus de célérité dans les moyens de se les procurer et la certitude de les recevoir à une époque fixe, ne sont-ce pas là des considérations importantes ?

Nous savons que la navigation de la Seine du Hâvre à Rouen n'est pas exempte de naufrages, et que plus loin elle est souvent arrêtée par le manque d'eau. Il s'en suit des retards inévitables dans la réception des marchandises qu'elle apporte. De là beaucoup d'objets gâtés et hors de saison, de là des pertes effectives pour le marchand qui les avoit demandés ; de là ces craintes de sa part qui le décident à diminuer ses approvisionnements ; de là moins de concurrence dans les ventes ; ce qui ne maintient plus le cours des denrées dans le plus bas prix possible. Aussi les négociants de Paris connaissent si bien l'avantage de préférer la rivière de la Somme à celle de la Seine, que sans égard aux dangers actuels du port de Saint-Vallery, c'est par là qu'ils font arriver du Nord tous les objets dont ils sont pressés de jouir parce qu'ils y trouvent célérité et économie ; c'est surtout pour les comestibles qu'ils s'en servent : c'est par ce port et par la rivière de Somme que chaque année Paris reçoit la majeure partie des fromages qu'il achète en Hollande, et c'est par ce port que le commerce et la commune de Paris ont fait considérablement arriver de bleds du Nord. Et pour justifier la préférence qu'ils lui donnent, nous devons citer ce qui s'est passé en 1789 pour approvisionner Paris qui étoit au moment de manquer de grains.

A la suite des ordres passés en Hollande, un navire chargé de bled fut expédié de Rotterdam pour Saint-Vallery : ce vaisseau bien servi par les vents eut une traversée de 36 heures : les grains furent de suite convertis en farine, puis les farines furent transportées à Amiens par la rivière de Somme et de là conduites à Paris où elles ont été portées sur le carreau de la Halle le onzième jour du départ des grains du port de Rotterdam : ces faits ont été constatés dans le temps, nous pourrions en procurer la preuve s'il en était besoin.

La jonction préparée de la rivière de Somme avec l'Oise et l'Escaut promet encore pour la suite de grands avantages : cette communication offrira au commerce en France une source intarissable de richesses en lui donnant des moyens faciles d'échanges avec les Païs-Bas, les provinces belgiques et partie de l'Allemagne ; elles seront précieuses à la marine de France qui recevra du Nord ses matières, ses bois et ses cordages, sans être obligée d'entrer dans le canal de la Manche : nous ne parlons pas des autres avantages qui résulteront de la communication avec les autres canaux navigables de la France, et nous devons espérer que ces puissants motifs réunis détermineront les administrations supérieures à s'occuper des moyens d'exécuter ce vaste projet.

Ces différentes considérations tranchent donc ce point de difficulté : savoir s'il convient de suivre les travaux commencés pour améliorer seulement la Baye de Saint-Vallery ou pour donner un port et mettre la rivière de Somme en état de recevoir des navires.

Tout ce qui tend à diminuer les frais de transport est d'une utilité reconnue ; or, si un bâtiment qui porte 100 tonneaux ne fait pas plus de frais qu'un autre qui n'en porte que 50, il en résulte que la différence est de la moitié dans le prix de la voiture : quelle conséquence pour des objets d'un fort poids et d'une modique valeur !

Lorsqu'il s'agit de l'exécution d'un projet qui sera aussi utile à la République, tant pour la marine nationale que pour le commerce en général, il semble qu'il soit permis de se taire sur les économies à espérer dans l'exécution ; mais si ces objets d'économie deviennent sous la main de l'homme de l'art des objets d'utilité, nous ne devons pas les taire.

Nous avons déjà annoncé que les travaux commencés pour le canal destiné à l'amélioration du port de St-Vallery serviron également pour conduire au port à établir au Hable d'Ault.

Cette dépense n'est donc pas plus à compter ; nous ajoutons que l'excavation du canal à faire d'Amiens à Abbeville sera en quelque sorte payée par le prix de la tourbe qui en sera extraite, et cette tourbe procurera un chauffage d'autant plus nécessaire dans le département de la Somme que c'est le seul dont fassent usage les habitants et les diverses usines. Le canal qui aura lieu ensuite d'Amiens à Saint-Quentin, commencé déjà dans divers terrains, procurera le dessèchement de la vallée de Somme et gagnera pour l'agriculture plus de douze mille arpents de terre dont l'inondation actuelle rend l'air insalubre, et qui deviendront par les soins de nos cultivateurs d'excellentes chanvrières pour fournir à nos corderies.

Ces différents travaux seront donc utiles, économiques et profitables, leur exécution pourra se commencer sans délai en employant les nombreux prisonniers qui sont en dépôt dans le département de la Somme ; l'occupation que nous leur donnerons sera un moyen de sûreté contre eux en maintenant de leur part le bon ordre. Ces travaux seront de grands ateliers ouverts pour nos braves frères d'armes qui après avoir assuré le triomphe de notre liberté viendront concourir à la faire fleurir, en perfectionnant les ouvrages destinés à donner un port et de nouvelles communications à la marine et au commerce de la République.

Nous ne nous étendrons point sur tous les avantages d'une telle entreprise, nous laisserons ce soin aux administrations supérieures que l'amour seul de la patrie anime ; c'est à nos administrateurs qu'il appartient d'appeler l'attention de la Commission des travaux publics sur cet utile projet, à lui en développer les avantages, l'utilité et l'économie ; et nous devons nous persuader que secondés par tous les bons citoyens qui sont animés du bien général de la République, et qui savent sacrifier des intérêts locaux ou particuliers ou seulement d'amour-propre à l'intérêt de tous, ils obtiendront que le port à faire au Hable d'Ault et le canal à faire d'Amiens jusqu'au dit port soient promptement arrêtés et exécutés, et que la profondeur à donner au canal soit telle qu'il contienne toujours dix pieds de hauteur d'eau pour permettre aux navires du petit cabotage de remonter jusqu'à Abbeville, Amiens et même au-delà.

Sur quoi délibérant,
Ouï l'agent national par son substitut,
Le Conseil général de la commune,
Considérant que les idées qui viennent d'être développées soit relativement au parachèvement de la perfection de la navigation de la Somme, soit relativement à la création de sa nouvelle embouchure et d'un port au Hable d'Ault, annoncent des vues civiques aussi utiles qu'étendues ; que ces vues ne se bornent point seulement aux avantages particuliers de

cette commune ni à ceux du district d'Amiens, ni même à ceux du département de la Somme ; mais qu'elles embrassent le bien de la nation entière par les avantages aussi précieux que multipliés qui en résulteroient pour le commerce extérieur et intérieur de la République et pour sa Marine militaire ;

Considérant que de ces grands avantages publics naîtroient naturellement ceux que la commune d'Amiens, le district d'Amiens et le département de la Somme désirent et sollicitent depuis si longtemps, que l'exécution du projet de perfection de la navigation de la Somme conduiroit bientôt à l'exécution de trois autres projets aussi utiles : 1° à améliorer et prolonger la navigation de la rivière d'Avre qui arrose les plaines du ci-devant Santerre si fertiles en bleds, qui baigne les murs de la commune d'Avre libre (Roie), et qui vient appporter ses eaux dans la Somme à son entrée dans l'enceinte d'Amiens à son orient, ce qui faciliteroit l'abord des subsistances en cette commune; 2° à rendre navigable la rivière de Selle qui vient aussi se perdre dans la Somme au-dessous d'Amiens à son occident; ce qui faciliteroit les transports des matières propres à bâtir ; 3° à joindre la navigation de la Selle à celle de la Brêle qui divise la ci-devant Normandie des pays du département de la Somme ; ce qui rendroit les vastes forêts qui avoisinent les bords de cette rivière, d'une exploitation plus profitable à leur propriétaire et plus utiles aux grandes communes populeuses de ce département qui manquent de combustibles pour le chauffage de leurs habitants et pour les besoins de leurs nombreuses usines ;

Considérant que la création du port du Hable d'Ault, la perfection de la navigation de la Somme, des deux rivières d'Avre et de Selle qui y affluent, et leur jonction à la navigation de la Brêle, rendroient dans tous les temps et dans toutes les circonstances les transports maritimes les plus lointains d'une correspondance plus facile avec les transports par eau jusque dans les régions les plus centrales de l'intérieur du territoire de la République, que ces transports en seroient plus sûrs et plus économiques, que l'établissement d'un port au Hable d'Ault est marqué par la nature, que ce Hable est entre le bourg d'Ault et Cayeux, que le fond y est excellent ; que les vaisseaux ne seroient pas exposés à se briser sur le roc ni à s'engraver dans les sables comme dans le port actuel de Saint-Vallery ; enfin que la rivière de Somme jouit de l'avantage naturel d'un lit toujours également profond et d'un cours qui n'est jamais arrêté par les glaces de l'hiver comme bien d'autres rivières ;

Que la communication de la mer par le port du Hable d'Ault se trouveroit donc liée par le moyen de la navigation de la Somme à celle de l'Oise, de la Seine, de la Loire, de la Garonne et du Rhône, aux différentes mers où elles portent leurs eaux, et enfin à toutes les autres navigations intérieures commencées et projetées, ce qui rendroit l'importation des munitions navales et des subsistances plus facile et plus sûre tant dans les temps de guerre que dans ceux de disette, et que cette plus grande facilité et cette plus grande sûreté produiroient nécessairement plus d'économie ;

Considérant que de semblables projets sont dignes de la sagesse et de la grandeur de la République françoise et que le zèle que le Conseil général montrera pour les faire accueillir doit s'élever au-dessus de toutes les vues locales et dédaigner toutes les rivalités mercantiles ;

Arrête unanimement ce qui suit :

1° Les observations lues en cette séance sur la nécessité et les avantages d'achever le perfectionnement de la navigation de la Somme et de *lui-créer* [1] un nouveau port au Hable d'Ault sont adoptées ; le Conseil général les reçoit avec la reconnaissance que méritent les deux citoyens qui les ont mises sous les yeux, leurs noms seront inscrits au registre avec mention civique.

2° Ces observations seront inscrites dans les actes de la présente séance.

3° Des expéditions de ces observations, des considérations qu'elles ont fait naître et de l'arrêté qui les consacre à la vérité et à l'amour du bien public seront adressées aux administrations de district et de département, avec invitation pressante de les apprécier de leur avis et de faire parvenir le tout à la Commission des travaux publics, à la Commission de commerce et aux Comités de la Convention nationale qui dirigent ces deux Commissions.

4° De pareilles expéditions seront adressées directement par le Conseil général aux deux Comités de commerce et des travaux publics.

5° Le Conseil général inscrit sur son registre avec mention civique les noms des citoyens Massey et Delahaye-Galand, auteurs des observations ci-dessus.

Signé : JOIRON, substitut.
DUPONT-ROUSSEL, off. M.
HÉNOCQUE, notable.
PORION (Jean-Baptiste), notable.
LEPAGE, notable.

---

[1] Les deux mots *lui créer* ont été omis sur le registre, sans doute comme n'étant pas lisibles sur la minute originale. Mais l'expédition précitée de la délibération porte bien et dûment ces deux mots.

Comme il a été dit ci-dessus [1], nous nous proposons de publier ultérieurement l'histoire des vicissitudes du projet de Lamblardie jusqu'à nos jours. On verra que, si, par suite d'une complication de circonstances impérieuses qu'il serait trop long d'énumérer ici, ce projet n'a point encore pu être adopté ni mis à exécution dans tout ce qu'il a d'utilité pratique, ce n'en est pas moins, comme il paraît, celui qui, après quarante années d'autres essais infructueux, continue de présenter le plus de chance de succès pour une solution définitive, en même temps qu'il sauvegarde, au lieu de compromettre, les droits et les intérêts maritimes respectifs de chacun de nos ports de la Baie de Somme, les droits et les intérêts maritimes des ports d'Abbeville et du Crotoy, et des anciens ports du Bourg d'Ault et de Cayeux-sur-Mer, aussi bien que ceux du port de Saint-Valery-sur-Somme. Et puisque le Conseil général de la Somme, dans sa dernière session [2], reconnaissant qu'il n'y a rien de terminé, demande avec instances qu'il soit dressé de nouveaux plans de travaux à faire pour l'amélioration, c'est-à-dire pour l'achèvement de la canalisation de la Basse-Somme jusqu'à la mer, il nous semble qu'il peut être permis au public d'exprimer le vœu que le projet de l'ingénieur Lamblardie, projet que le savant Prony qualifiait d'excellent [3], soit compris dans les études offi-

[1] Page 8.

[2] Séance du 27 août 1864, pages 447 et suiv. du procès-verbal de la session.

[3] Notice nécrologique sur Lamblardie.

cielles que le Conseil général réclame de l'Administration supérieure. Nous avons le ferme espoir que le Gouvernement impérial, avec ses principes de souveraine équité, voudra tôt ou tard porter remède à l'état de souffrance du domaine national maritime dans nos parages, et nous sommes persuadé d'avance que ses bienfaits ne tomberont ni sur un sol ingrat ni sur des natures mortes, à en juger déjà par les résultats avantageux que ne cesse de produire ou d'obtenir, au point de vue commercial et industriel, malgré tant d'obstacles, l'intelligente association des volontés et des efforts de la courageuse population de la cité d'Amiens, centre d'attraction et type-modèle de toutes les forces vives du département.

www.ingramcontent.com/pod-product-compliance
Lightning Source LLC
Chambersburg PA
CBHW070527050426
42451CB00013B/2882